ÉDUCATION DE LA RÉUNION DES OFFICIERS

MÉLANGES MILITAIRES
(3 série)
VII–VIII

DE LA PRATIQUE

DE LA

TOPOGRAPHIE EN CAMPAGNE

PAR

UN OFFICIER D'ÉTAT-MAJOR

PARIS
DUMAINE, ÉDITEUR
LIBRAIRIE POUR L'ART MILITAIRE ET LES SCIENCES

DE LA PRATIQUE

DE LA

TOPOGRAPHIE EN CAMPAGNE

PUBLICATION DE LA RÉUNION DES OFFICIERS

DE LA PRATIQUE

DE LA

TOPOGRAPHIE EN CAMPAGNE

PAR

UN OFFICIER D'ÉTAT-MAJOR

PARIS

CH. TANERA, ÉDITEUR

LIBRAIRIE POUR L'ART MILITAIRE ET LES SCIENCES

Rue de Savoie, 6

1874

PRATIQUE DE LA TOPOGRAPHIE

EN CAMPAGNE

UN CALEPIN pouvant tenir *facilement* dans la poche et UN CRAYON suffisent, à la rigueur, pour faire de la topographie.

Ils permettent de travailler *à bâtons rompus* et d'utiliser tous les instants de répit que laisse à un officier son service en station ou en marche.

On a *rarement* avec soi, en temps utile, les instruments plus ou moins embarrassants, habituellement en usage en campagne, et alors on ne produit rien ou peu de chose.

Avec la méthode que nous allons indiquer, on peut toujours travailler et recueillir les éléments de plans ou de cartes qui seront assemblés ainsi qu'il sera dit plus loin.

Les *croquis topographiques* employés à cet effet sont des *tours d'horizon* multipliés autant que possible, indiquant la relation entre eux de tous les objets qui frappent la vue.

DISPOSITIONS GÉNÉRALES. — Pour faire ces croquis, on procède comme pour dessiner un paysage, si ce n'est qu'on projette les objets sur un plan horizontal, au lieu de les dessiner sur un tableau vertical.

Dans un paysage, on rapporte les points à des parallèles et à des perpendiculaires à la ligne d'horizon ; dans un croquis topographique, on trace des rayons partant du point de station, et l'on place les objets par rapport à ces lignes, de manière à détruire autant que possible les effets de la *perspective*.

Autant de *stations*, autant de feuilles du calepin à remplir, et même plusieurs feuilles pour une seule station, chaque feuille comprenant des surfaces d'étendue différente, l'une un rayon de 100 mètres, par exemple, une autre un rayon de 1,000 mètres, et ainsi de suite, aussi loin que s'étend la vue.

Les premières donnent des croquis *de détail* ou *topographiques ;* les dernières, des croquis *d'ensemble* ou *de triangulation.*

Pour dessiner un croquis, on maintient la feuille du calepin d'accord avec la figure qui représente le terrain à dessiner, et en l'orientant de la même manière, pendant tout le temps que dure l'opération.

Forme du terrain à dessiner telle qu'elle apparaît à l'œil.

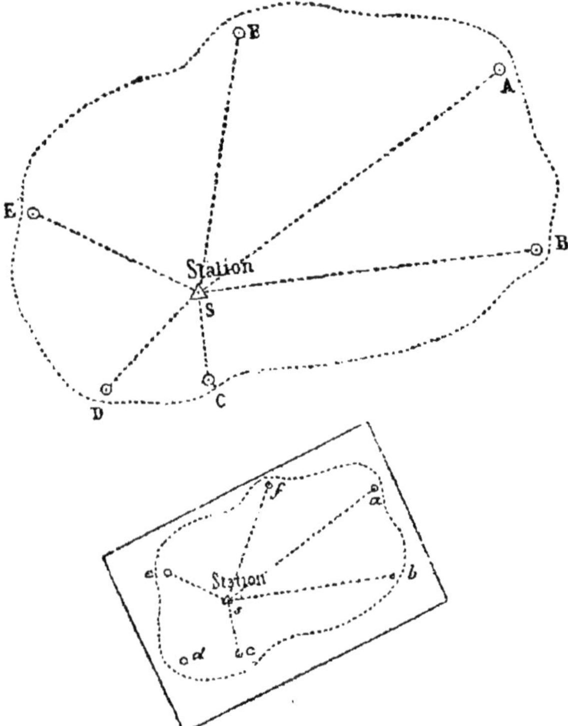

Position de la feuille du calepin pendant tout le temps qu'on dessine.

Si la station est au centre de la figure, on l'indique au centre de la feuille, par un *triangle*.

Si elle est dans un angle, on la place dans un coin de la feuille, de telle sorte que la figure remplisse celle-ci entièrement.

Le point de station placé, on trace, en ponctué, des lignes allant à tous les objets remarquables, formant entre elles des angles aussi rapprochés que possible de la vérité.

Les longueurs relatives des lignes joignant ces objets à la station sont évaluées à vue, avec beaucoup de soin, de manière à former des triangles se rapprochant autant que possible de la forme réelle.

On déterminera d'abord les points extrêmes, puis les autres en se rapprochant de la station.

Le terrain se trouvera alors partagé en secteurs ASB, BSC, etc., dans lesquels on dessinera les détails successivement, secteur par secteur, laissant en blanc les parties qui échappent à la vue.

DESSIN DES DÉTAILS DANS L'INTÉRIEUR DE CHAQUE SECTEUR

Quand un *secteur* sera bien déterminé par la position relative du point de station et des deux points extrêmes, on marquera, *à vue*, dans l'intérieur du triangle, autant de points 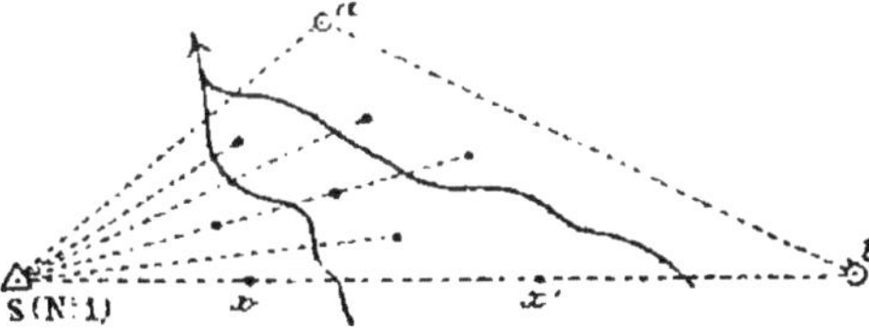 que le terrain en présentera de remarquables, et les détails planimétriques ainsi que de figuré des hauteurs trouveront alors facilement leur place dans ce canevas.

Il est important de remarquer les points qui se présentent sur un même alignement, comme S, x, x', b. Cette recherche est un excellent exercice pour se former *le coup d'œil*.

Plus on mettra de temps et de soin à fixer les points principaux et à tracer le contour, plus le dessin se fera ensuite rapidement et avec netteté. Les proportions entre toutes les parties du croquis seront ainsi forcément gardées, tous les détails, quel que soit l'éloignement de l'observateur, trouvant exactement leur place *dans de petits espaces bien limités*.

Le croquis terminé, on mesurera, au pas ou au temps de marche, le plus de distances que l'on pourra; on inscrira le nom des localités à leur véritable place; on figurera les positions de troupes. Si l'on possède une petite boussole, on indiquera la direction du nord magnétique; si l'on a une grande boussole, on graduera les rayons du tour d'horizon. Enfin on éclairera ces croquis par des légendes (1) indiquant dans quelles circonstances ils ont été faits, quel jour, à quelle heure, etc.

En résumé, pour faire un croquis topographique, la première condition est de déterminer, aussi exactement que possible, *le contour* de la figure à représenter, ainsi que la position du point de station par rapport à ce contour. On trace ensuite les rayons du tour d'horizon de la station aux points remarquables situés sur les limites de la figure; enfin l'on s'occupe des détails.

Nous allons actuellement passer en revue les différents cas particuliers qui peuvent se présenter.

CAS PARTICULIERS

1º Décomposition d'un tour d'horizon en deux ou en quatre parties.

Si la feuille du calepin semble trop petite pour y introduire tous les détails que l'on se propose de dessiner, on place la station sur le bord de la feuille, et l'on emploie deux feuilles pour faire le tour d'horizon complet.

____

(1) Cette légende sera inscrite au dos de la feuille s'il n'y a pas de place sur le recto.

En mettant le point de station dans un angle de la feuille
on peut de même décomposer le tour d'horizon en quatre
secteurs; on emploie alors quatre feuilles pour le dessiner.

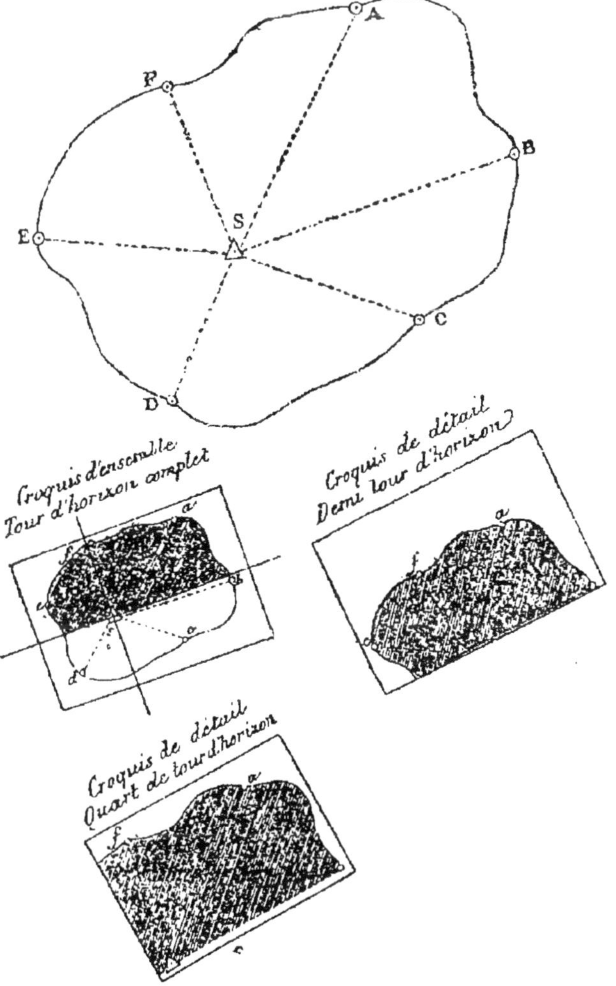

2º Il peut arriver qu'on ne découvre pas le terrain autour de la station, mais qu'à quelque distance une certaine zone montre tous les *détails*. Dans ce cas on définit, autant que possible, la forme de cette zone par un croquis d'ensemble qui la rattache à la station ; on développe ensuite le cadre de cette zone sur un croquis de détail.

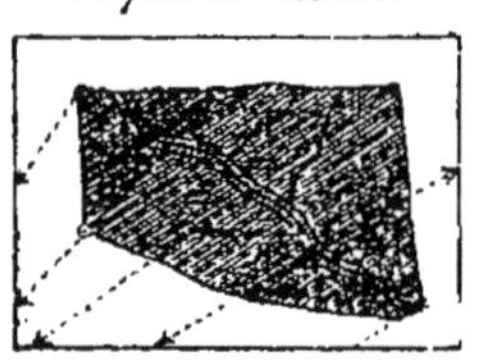

(Les lignes ponctuées seront terminées par une flèche, *sur la limite du cadre*, quand elles aboutiront à un point qui ne trouvera pas sa place dans ce cadre ; le nom du point sera inscrit à côté de la flèche).

Si le terrain est tellement couvert qu'en se portant au point le plus favorable pour l'observation on ne puisse saisir l'enchaînement des détails, on cherchera toujours à établir un croquis d'ensemble, et les croquis de détail se feront immédiatement ou *de mémoire*, en parcourant le terrain dans tous les sens.

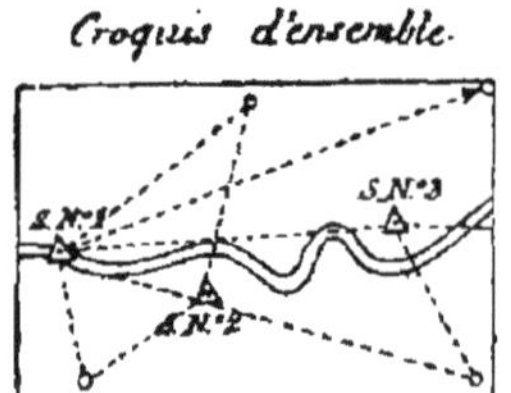

4º Pour un itinéraire, un croquis d'ensemble donnera l'enchaînement des stations, qui seront toutes l'objet d'un croquis spécial.

Si l'on a une boussole, on graduera les lignes ponctuées indiquant le tour d'horizon.

Les distances seront mesurées sur la route ou évaluées d'après le temps de marche.

Il arrivera souvent qu'un point X, très-saillant, au loin sur la droite ou sur la gauche de la route, visé de toutes ou de la plupart des stations, permettra, plus tard, de les raccorder par des recoupements.

Les distances BX, B′X pourront être déterminées, au point de départ et d'arrivée, au moyen de bases AB, A′B′, que l'on fera mesurer au cordeau, au pas, etc.

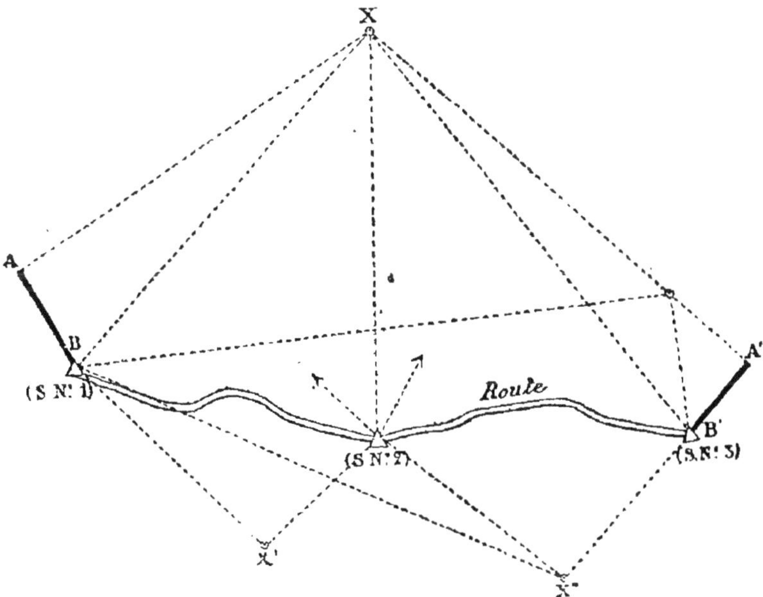

(Quand on marche avec une colonne, on fait compter les pas par des hommes exercés à marcher bièn régulièrement; deux ou quatre hommes, qui se relèvent successivement, comptent tout haut leurs pas jusqu'à 100, et un marqueur, à toutes les centaines, fait une barre (I) sur un calepin; quand on passe une rivière ou un cours d'eau, il fait un signe ↑; quand on arrive sur un sommet il marque O, ainsi qu'il suit :

IIIIIII ↑ IIIII O IIIIII (STATION N° 1 ou A) IIIIII B IIIIII C, etc.

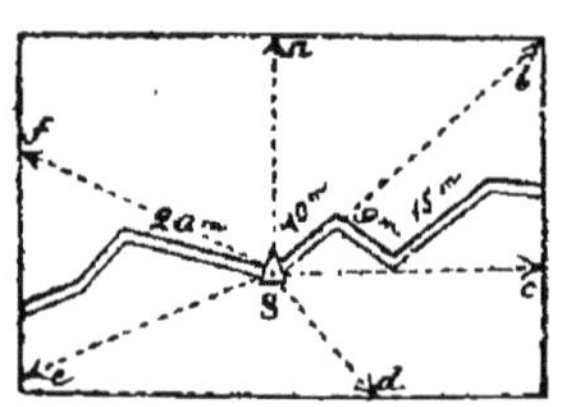

5° *Dans un siége*, on fixera d'une manière assez exacte les détails des tranchées, en les rattachant aux points les plus apparents, même très-éloignés, par des amorces de direction (rayons d'un tour d'horizon), sans que ces points aient besoin de figurer sur la feuille du calepin. *a*, *b*, *c*, *d*, *e*, *f*, sont des points quelquefois fort éloignés, qu'on trouvera sur des cartes ou qu'on déterminera par une triangulation particulière, et qui permettront d'orienter parfaitement les détails de la tranchée. Dans ce cas, on mesurera tous les éléments que représentera le croquis.

OBSERVATIONS ESSENTIELLES

Pour dessiner les croquis topographiques, on se portera de suite, autant que possible, sur les points les plus élevés, d'où l'on découvre le mieux l'ensemble du pays. On trouvera alors, à une seule station, matière à plusieurs croquis et du travail pour plusieurs heures.

Il faut mettre beaucoup d'ordre dans les annotations, si l'on veut pouvoir retrouver plus tard l'enchaînement qui existe entre les différents croquis. Un point visé à différentes stations doit être désigné comme il est indiqué ci-après.

Cette manière de procéder permet de faire un travail d'autant plus complet qu'on a plus de temps à y consacrer.

Dans l'espace de cinq minutes, on placera trois ou quatre points, en se préoccupant principalement de bien fixer leurs relations de distance. Ce seront souvent des données qui deviendront précieuses plus tard.

Si l'on peut rester libre plus longtemps à la station, on multipliera le placement des points remarquables, et enfin on terminera par le figuré des détails.

L'essentiel, pour arriver à un résultat aussi exact que possible, est de bien encadrer l'ensemble, dans lequel on assignera aux détails la place qui leur convient.

On recueille ainsi des données *à des échelles indéterminées* qui permettront, plus tard, de faire des travaux mis au net, plans ou cartes, à telle échelle que l'on voudra, le même croquis servant pour plusieurs travaux.

ORIENTATION DES LEVÉS

Elle se fait principalement au moyen de l'aiguille aimantée; mais l'angle du méridien magnétique avec le méridien astronomique variant de dimension suivant le pays dans lequel on se trouve, il peut être utile de déterminer l'amplitude de cet angle. Voici quelques données relatives à cette opération :

On obtient approximativement la direction du nord en visant, le soir, l'étoile polaire. L'intersection, avec le plan horizontal, du plan vertical qui contient le rayon visuel, représente la méridienne du lieu avec une erreur angulaire dont le maximum est de 1°,28. Cette erreur est nulle quand on fait l'observation au moment du passage de l'étoile polaire au méridien. Le plan vertical qui contient l'étoile polaire est assuré au moyen d'un fil à plomb fixé près de l'observateur et d'une lanterne que l'on fait placer à une centaine de pas dans la direction observée. Au jour, on relève cette direction.

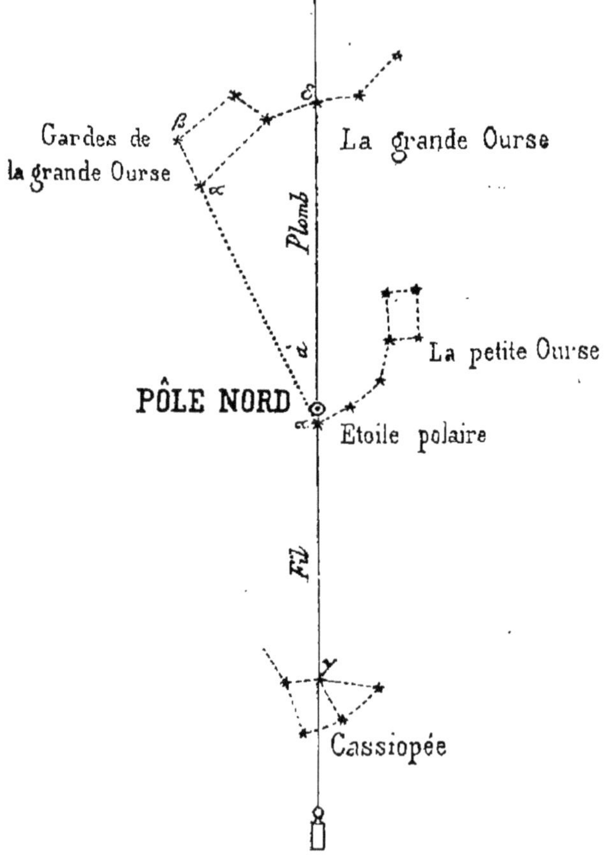

Orientation du plan ou détermination de la méridienne au moyen de l'Etoile Polaire.

L'étoile polaire est dans le plan méridien, quand elle se trouve dans le plan vertical en même temps que l'étoile γ de Cassiopée ou que l'étoile ε, première des trois de la queue de la Grande-Ourse. Pour trouver l'étoile polaire, extrémité de la queue de la Petite-Ourse, on prolonge la ligne qui joint les deux gardes de la Grande-Ourse d'une quantité égale à environ cinq fois leur distance.

CONFECTION DES CARTES OU DES PLANS AU MOYEN DE CROQUIS

On commencera par établir un canevas au moyen des cartes ou des plans déjà existants, ou bien l'on exécutera une triangulation à la planchette ou à la grande boussole, en s'appuyant sur une ou plusieurs bases mesurées; on relèvera ensuite les tours d'horizon sur les croquis avec du papier transparent, et l'on fera jouer les tours d'horizon dans la triangulation base du travail, jusqu'à ce que chaque station y ait trouvé sa place *exacte* ou *approximative*. On obtiendra ainsi un grand nombre de points par recoupements de lignes.

On indiquera le cadre de chaque croquis qui pourra dès lors y être dessiné de suite ou longtemps après, même par une main autre que celle qui a fait le croquis.

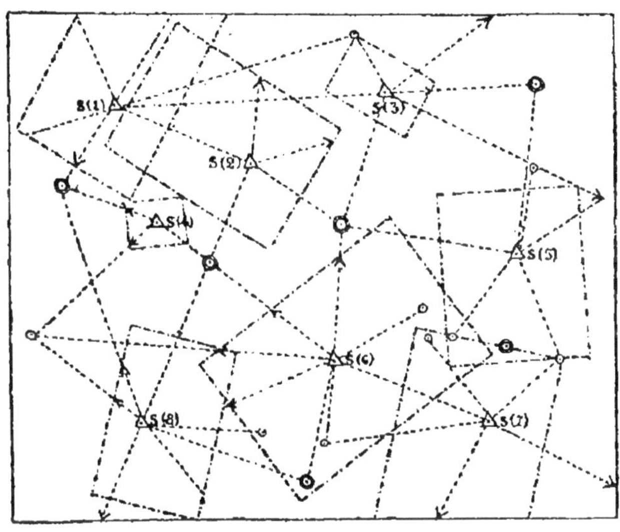

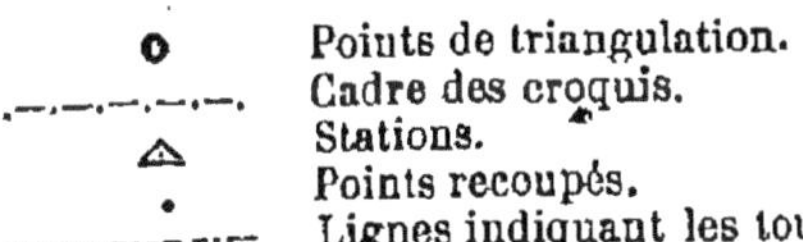

o   Points de triangulation.

—.—.—.—.   Cadre des croquis.

△   Stations.

•   Points recoupés.

-----------   Lignes indiquant les tours d'horizon.

Nota.— La figure qui précède fait voir qu'une même portion de terrain se trouvera avoir été dessinée plusieurs fois comme appartenant à plusieurs croquis s'enchevêtrant les uns dans les autres, et l'avoir été, chaque fois, avec le caractère qu'elle présente du côté où elle aura été vue. On aura ainsi à choisir, entre tous ces caractères, celui qui conviendra le mieux, qui sera le mieux approprié à la configuration du terrain avoisinant. En un mot, c'est une opération analogue à celle que l'on pratique en photosculpture.

Un itinéraire se rapportera de la même manière en enchaînant d'abord les distances et les directions prises sur la route et figurant ensuite le tour d'horizon de chaque station.

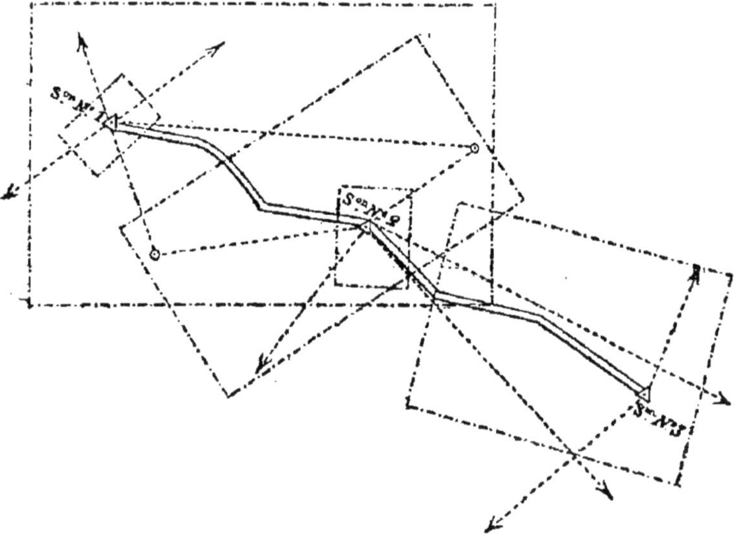

Dans tous les cas, la mise au net de ces triangulations doit se faire le plus tôt possible. Par exemple, on relèvera, chaque jour, sur une feuille à part, la triangulation de la journée, en commençant par la portion de l'itinéraire qui fournit les éléments les meilleurs et les plus nombreux. Quant au dessin des détails, il peut se rapporter, longtemps après, sur le plan ou la carte (qui est la mise au net des croquis).

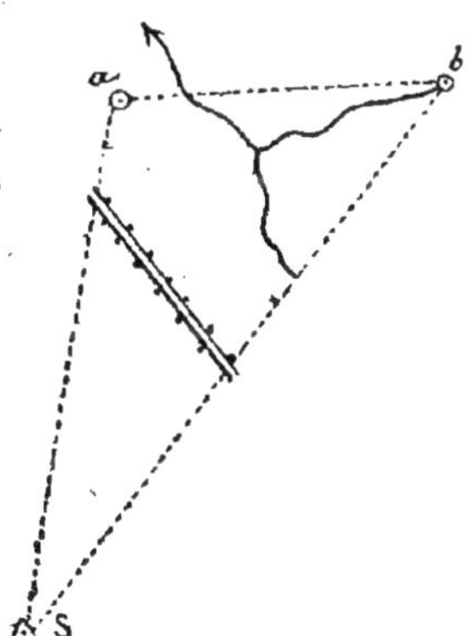

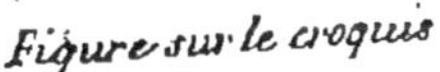

Figure sur le croquis

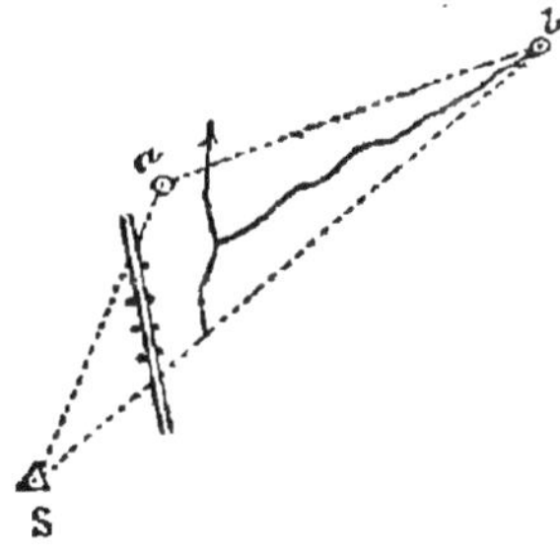

Figure rectifié sur la mise au net,
d'après le raccord avec les secteurs
des stations voisines.

Le cadre des croquis et celui des secteurs, une fois ramenés à l'échelle du plan, affecteront des *formes* et des *grandeurs très-variées*. A la suite de la fixation plus exacte des points principaux par les divers recoupements et alignements obtenus, il arrivera que des secteurs ou des polygones limités par ces points changeront leur figure primitive pour en prendre une nouvelle se rapprochant beaucoup plus de la vérité; les détails se plieront facilement à ces formes modifiées.

TRAVAUX RÉGULIERS

Si, d'après la méthode qui vient d'être indiquée, on veut faire des travaux plus exacts, à l'aide de la grande boussole employée pour la carte de France, on pourra se servir, au lieu de calepin, de feuilles de papier fort, collées ensemble par le côté seulement, comme les paysagistes en emploient quelquefois.

On commencera par relever le tour d'horizon avec la

boussole, et on le tracera exactement sur le papier avec le rapporteur ; le reste du travail se fera à vue comme il a été dit précédemment.

Le croquis terminé, on reprendra la boussole et l'on placera à côté de chaque point la graduation donnée par l'instrument et l'angle d'inclinaison de l'éclimètre. De cette manière, on évite une perte de temps considérable ; on ne se sert, en effet, que deux fois de la boussole : une fois, en commençant, pour prendre quelques indications générales, une autre fois, en terminant, quand on connaît très-bien son terrain.

Une feuille étant remplie, on la détachera du cahier pour la mettre en réserve.

Un levé s'exécute de la sorte aussi régulièrement et beaucoup plus rapidement que par le dessin immédiat sur des *mappes* (1). Les deux manières de procéder peuvent, du reste, être employées concurremment. L'avantage des croquis ainsi faits est de permettre de dessiner plus tard, alors qu'on ne les aura plus sous les yeux, des zones de terrain qui se présentent comme un tableau, vues de certains points où l'on pourrait ne pas revenir.

La topographie par croquis est d'une pratique délicate qui exige de l'ordre, du soin et des exercices répétés et assidus ; aussi, pour travailler avec fruit, une certaine préparation est-elle indispensable de la part des officiers de troupe. Dans tous les cas, elle est un précieux auxiliaire des autres méthodes de levés, enseignées dans les écoles (2).

---

(1) Les officiers d'état-major attachés aux travaux de la carte de France appellent *mappe* la minute exécutée sur le terrain.

(2) Il sera donc utile en campagne d'avoir, dans chaque état-major, plusieurs petits cartons avec boussole déclinatoire, pour faire exécuter, dans certaines circonstances, des levés en itinéraires suivant ces dernières méthodes. Ces cartons seraient envoyés aux officiers avec quelques points fixés d'avance et, le levé une fois terminé, rentreraient aux états-majors. On devra chercher à obtenir ainsi le terrain des bivacs et des camps avec le figuré de l'emplacement des troupes.

CONSIDÉRATIONS GÉNÉRALES

Telles sont les principales données sur lesquelles repose la pratique de la topographie en campagne, au moyen de croquis.

Pour avoir une idée juste de la simplicité des procédés décrits et de la rapidité avec laquelle ils permettent d'obtenir des résultats complétement satisfaisants, on n'aura qu'à en faire l'essai dans un espace restreint, sur une table ou dans une chambre, par exemple, en figurant tous les objets qui s'y trouvent, ou encore dans une cour, un jardin, en stationnant successivement à deux fenêtres d'une maison d'où l'œil les découvre facilement. En dessinant alors deux ou plusieurs tours d'horizon, on définit l'emplacement des objets et leurs distances relatives; après cela, il suffit pour construire le plan d'en fixer l'échelle, ce qui s'exécute par la mesure d'une base que l'on peut d'ailleurs choisir parmi les dimensions connues entrant dans le croquis.

Dès que l'on est bien familiarisé avec cette méthode, tous les objets qui se trouvent dans le même alignement et la relation des distances qui les séparent se gravent promptement et comme machinalement dans l'esprit de l'observateur. Aucun procédé, n'est plus propre à former *le coup d'œil*.

PUBLICATIONS

DE

LA RÉUNION DES OFFICIERS

EN VENTE

A LA LIBRAIRIE MILITAIRE DE CH. TANERA

Rue de Savoie, 6, à Paris

MÉLANGES MILITAIRES
Première Série

LES ARMÉES ALLEMANDES, d'après les documents officiels allemands, par M. Martner, capitaine d'état-major, avec carte. Paris, Tanera. 50 c.

43, 44. IDÉES SUR L'ATTAQUE DES PLACES FORTES. Conférence faite à Berlin par le général-major prince de Hohenlohe-Ingelfingen, d'après l'allemand, par A. Klipffel, capitaine du génie. Paris, Tanera. . . . . 50 c.

45, 46. DE L'INSTRUCTION PRATIQUE DE LA COMPAGNIE D'INFAN-TERIE. Paris, Tanera. . . . . 50 c.

47, 48, 49, 50. CONSIDÉRATIONS SUR LA GUERRE DES PLACES FORTES, 1870-1871. Traduit de l'allemand par Couturier, lieutenant au 55e régiment. Paris, Tanera . . . . . . 1 fr.

51, 52. ÉTUDE SUR LES PEINES DISCIPLINAIRES EN CAMPAGNE, par G. D., officier d'état-major. Paris, Tanera. . . . 50 c.

53, 54. HISTORIQUE DES REMONTES DEPUIS LES ROMAINS, suivi d'un projet d'organisation d'une landwehr hippique, par L. L., sous-intendant militaire. Paris, Tanera. . . . 50 c.

55. LE TÉLÉMÈTRE DE CAMPAGNE DU COLONEL RUSSE STUBENDORF, avec planche. Paris, Tanera. . . . . 25 c.

56, 57, 58. ÉTUDES SUR LE SERVICE DES ÉTAPES, d'après les renseignements personnels recueillis pendant la guerre de 1870-71 par un officier de l'inspection générale bavaroise des étapes. Traduit de l'allemand par Couturier, lieutenant au 55e régiment. Paris, Tanera. . . . . 75 c.

59, 60. APERÇU DE GÉOGRAPHIE MILITAIRE SUR LE LITTORAL DE LA CONFÉDÉRATION DE L'ALLEMAGNE DU NORD, et étude des mesures de défense prises par les Allemands pendant la guerre de 1870-71 contre un débarquement de troupes françaises, par Dubois, capit. du génie. Paris, Tanera. 50 c.

61, 62. ÉTUDE ET ENSEIGNEMENT DE LA STATISTIQUE MILITAIRE, par Chanoine, chef d'escadron d'état-major. Paris, Ta-nera. . . . . 50 c.

63. COMPARAISON ENTRE LE CANON DE CAMPAGNE ET LA MI-TRAILLEUSE, par E. Klutschack. Traduit de l'allemand par de La Roque, capitaine d'artillerie. Paris, Tanera. . 25 c.

64, 65, 66. MÉMOIRE SUR LES FUSILS SE CHARGEANT PAR LA CULASSE employés dans les armées de Prusse, de France et d'Angleterre, par le capitaine Mervin Drake, instructeur de tir. Traduit de l'anglais par M. de Pina, capitaine de fré-gate. Paris, Tanera. . . . . 75 c.

MÉLANGES MILITAIRES

Deuxième Série

DES HOMMES, par N. Seeland. Traduit du russe par M. Saniewski, lieutenant au 90e de ligne. Paris, Tanera.   75 c.

10. DES ÉCLAIREURS, par M. Hagron, capitaine d'état-major. Paris, Tanera. . . . . 25 c.

11, 12. LA FORTIFICATION PERMANENTE DU CAPITAINE VON PISTOR. Traduction et analyse par V. Grillon, capitaine du génie. Paris, Tanera. . . . . 50 c.

13. RÈGLEMENT DU 24 OCTOBRE 1872 RELATIF AU SERVICE DES HOPITAUX MILITAIRES EN PRUSSE. Traduit de l'allemand par le docteur Morache. Paris, Tanera. . . . . 25 c.

14, 15. STRASBOURG, SA DESCRIPTION, SES FORTIFICATIONS, SON ROLE MILITAIRE AVANT LA GUERRE DE 1870, par M. Z. Paris, Tanera. . . . . 50 c.

16. DES BIBLIOTHÈQUES ET LECTURES EN COMMUN DANS LES CASERNES POUR LES SOUS-OFFICIERS ET SOLDATS, par le colonel E. B. Paris, Tanera . . . . 25 c.

17, 18, 19, 20. DE L'INSTRUCTION MILITAIRE DANS L'ARMÉE (infanterie), par A. Dally, capitaine au 102e de ligne. Paris, Tanera. . . . . 1 fr.

21, 22. LE SERVICE DE SURETÉ DANS L'ARMÉE PRUSSIENNE. Première étude. *Surveillance pendant les marches*, par H. de La F. Paris, Tanera . . . . 50 c.

23. RÉORGANISATION DU SERVICE DE SANTÉ MILITAIRE, par le docteur Judée, médecin-major au 10e d'artillerie. Paris, Tanera . . . . 25 c.

24, 25, 26. COMPTE RENDU DES MANŒUVRES D'AUTOMNE DE L'ARMÉE D'OCCUPATION EN 1872. D'après l'allemand, par M. Weil. Paris, Tanera. . . . . 75 c.

27, 28, 29, 30. QUESTIONS D'ORGANISATION SUR LA CAVALERIE, par A. Hocquet, capitaine instructeur du 7e dragons. Paris, Tanera. . . . . 1 fr.

31, 32. DE L'INSTRUCTION PRATIQUE DES ÉTATS-MAJORS. Paris, Tanera . . . . 50 c.

33, 34. LA TACTIQUE DE L'INFANTERIE, par L. de Beylié, sous-lieutenant au 41e régiment. Paris, Tanera. . . . . . . 50 c.

35. SITUATION MILITAIRE DES PUISSANCES EUROPÉENNES EN 1872. Aperçu rétrospectif. Traduit de l'allemand par M. Weil. Paris, Tanera. . . . . 25 c.

66, 67. ÉTUDE SUR LA DÉFENSE DES CÔTES. Paris, Tanera. 50 c.

68, 69. ÉTUDE SUR LA RÉORGANISATION DU CORPS DES VÉTÉ-
RINAIRES, par L. Lèques, sous-intendant militaire. Paris,
Tanera. . . . . 50 c.

70, 71. ESSAI SUR LA TACTIQUE DE L'INFANTERIE, par M. Jayet,
chef de bat. au 114e rég. de ligne. Paris, Tanera. 50 c.

72, 73, 74, 75. LES RÉQUISITIONS EN TEMPS DE GUERRE, par
M. Anatole Baratier, sous-intendant militaire. Paris,
Tanera. . . . . 1 fr.

76, 77, 78, 79, 80. ESSAIS CRITIQUES SUR LES RÈGLEMENTS.
MILITAIRES. — Service en campagne. Service dans les places. Service intérieur. Manœuvres, par M. Belle, chef de
bataillon au 110e de ligne. Paris, Tanera. . . . . . 1 fr. 25

81, 82. LES DÉFENSEURS DES FORTERESSES et subsidiairement
la réorganisation de l'artillerie et du génie. Tanera. 50 c.

83. EXPÉRIENCES SUR UN CANON DE 30 CENTIMÈTRES ET DEMI
(12 pouces) EN ACIER FONDU, se chargeant par la culasse,
fabriqué par F. Krupp à Essen. Paris, Tanera. . . . 50 c.

84, 85, 86, 87. ESSAI SUR LA FORTIFICATION FUTURE, par
E. Wagner, chef de bataillon du génie. Paris, Tanera. 1 fr.

88, 89. LA GUERRE EN ALGÉRIE. Instructions sommaires pour
la conduite d'une colonne, par le général Lapasset. Paris,
Tanera. . . . . 50 c.

90, 91, 92, 93. LES VOLONTAIRES D'UN AN, par C. Philebert,
colonel du 36e de ligne. Paris, Tanera. . . . . 1 fr.

94, 95. PLAN DE CAMPAGNE DU GÉNÉRAL COMTE DE MOLTKE
EN 1870, exposé dans une lettre écrite en 1868 par le général Ducrot. Paris, Tanera. . . . . 50 c.

96, 97, 98, 99, 100. INSTRUCTION DE L'INFANTERIE DANS LE
SERVICE EN CAMPAGNE, par Borelli de Serres, capitaine adju-
dant major au 69e de ligne. Paris, Tanera . . . . 1 fr. 25

ENTRETIENS MILITAIRES

DES SOUTIENS D'ARTILLERIE, par M. Herbinger, capitaine adjudant-major au 101e de ligne. . . . . 75 c.

DU MATÉRIEL ET DE LA TACTIQUE DE L'ARTILLERIE DE CAMPAGNE, à propos des manœuvres d'automne de l'armée anglaise en 1872, par M. de Grandry, chef d'escadron d'artillerie. . . . . 50 c.

LES NOUVELLES BOUCHES A FEU DE LA MARINE FRANÇAISE, par M. Sebert, capitaine d'artillerie de marine. . . . . 1 fr. 50

DE LA TACTIQUE DE COMBAT ET DE L'EMPLOI DES TIRAILLEURS, par M. Sacreste, lieutenant au 90e de ligne . . . . . 75 c.

DES SPÉCIALITÉS DANS L'INFANTERIE, par M. Issalène, capitaine au 67e de ligne. . . . . 1 fr.

ÉTUDE SUR LA CONVENTION DE GENÈVE, considérée dans ses principes et son application, par le docteur Jules Arnould, médecin-major de 1re classe. . . . . 1 fr. 50

LA COCHINCHINE FRANÇAISE, par M. Bovet, lieutenant-colonel du génie. Avec carte. . . . . 1 fr. 25

DE L'ALCOOL, considéré comme source de force, et du parti que l'on peut en tirer dans la pratique de la guerre, par le docteur Jules Arnould, médecin-major de 1re classe.   75 c.

DU RÔLE DES PLACES FRANÇAISES DE L'EST dans la dernière invasion, par M. Édouard Thiers, capitaine du génie. Avec carte. . . . . 1 fr. 50

ENCYCLOPÉDIE MILITAIRE

1. LES CANONS GÉANTS DU MOYEN AGE ET DES TEMPS MODERNES, par R. Wille, lieutenant de l'artillerie prussienne. Traduit de l'allemand par MM. R. Colard et S. Bouché, lieutenants d'artillerie. 1 volume in-8°. Paris, Tanera.   3 fr.

2. LES MITRAILLEUSES ET LEUR EMPLOI PENDANT LA GUERRE DE 1870-1871, par Hermann, comte Thürheim, capitaine bavarois. Traduit de l'allemand par E. J. Brochure in-8°. Paris, Tanera . . . . 1 fr. 25

3. MÉMOIRE sur la permanence de l'armement de défense et sur l'emploi des cuirasses métalliques dans les fortifications d'Anvers, Plymouth et Portsmouth, par le baron Berge, lieutenant-colonel d'artillerie. 1 vol. in-8° avec planches. Paris, Tanera. . . . . 3 fr.

4. ÉTUDE SUR LE RÉSEAU DE CHEMINS DE FER FRANÇAIS considéré comme moyen stratégique, par L. de Tromenec, capitaine d'artillerie. 1 volume in-8° avec carte. Paris, Tanera. . . . . 2 fr. 50

5. GUIDE pour la préparation des transports de troupes par les chemins de fer, par A. Le Pippre, chef d'escadron d'état-major. 1 vol. in-8° avec planches et carte. Paris, Tanera . . . . 6 fr.

6. SUR L'EMPLOI DU TIR DES SHRAPNELS EN CAMPAGNE, par R. von Sichart, capitaine professeur à l'école de tir d'artillerie. Traduit de l'allemand par R. Colard, capitaine d'artillerie. Brochure in-8°. . . . . 1 fr. 50

RÈGLEMENTS ÉTRANGERS

RÈGLEMENT DU 3 AOUT 1870 SUR LES EXERCICES DE L'INFANTERIE DE L'ARMÉE ROYALE DE PRUSSE. Traduit de l'allemand par J. Monlezun, lieutenant au 120e régiment d'infanterie. 1 volume in-12 avec figures et planches de musique donnant toutes les sonneries et batteries. Paris, Tanera. . . . . 4 fr.

RÈGLEMENT D'EXERCICES POUR LA CAVALERIE DE L'ARMÉE ROYALE DE PRUSSE DU 5 MAI 1855. Nouvelle édition contenant les modifications approuvées le 9 janvier 1873. Traduit de l'allemand par H. Langlois, capitaine d'artillerie. 1 volume in-12 avec planches. Paris, Didot. . . . . 3 fr.

INSTRUCTION DU 9 JUIN 1870, CONCERNANT LE SERVICE DE GARNISON DE L'ARMÉE PRUSSIENNE. Traduit de l'allemand par MM. Samion et Laplanche. Brochure in-12. Paris, Berger-Levrault. . . . . 1 fr. 25

MANUEL DU SAPEUR D'INFANTERIE. Instruction publiée par le ministère de la guerre italien. Traduit de l'italien par MM. Percin, Grillon et de Lort Sérignan. 1 volume in-12 avec cent planches. Paris, Tanera. . . . . 4 fr.

LE PIONNIER D'INFANTERIE EN CAMPAGNE. Traduit de l'allemand par M. Grillon, capitaine du génie. 1 vol. in-12 avec planches. Paris, Tanera. . . . . 1 fr.

RÈGLEMENT DE 1870 SUR LES EXERCICES DE LA CAVALERIE AUTRICHIENNE. Traduit de l'allemand par V. Zeude, chef d'escadron de cavalerie. 1 vol. in-12. Paris, Tanera. 2 fr.

Règlement du 15 mai 1872 pour l'instruction tactique des troupes d'infanterie. Trad. de l'italien par le commandant Durostu et le cap. Joly. 1 volume in-12 avec fig.   2 fr. 50

Règlement du 4 juillet 1872 pour l'instruction tactique des troupes de cavalerie. Traduit de l'italien par le commandant Durostu et le capitaine Vollot. 1 volume in-12 avec cartes. . . . .   2 fr. 50

OUVRAGES DIVERS

Manuel du soldat. I. Service intérieur. II. Instruction sur le démontage, le remontage et l'entretien de l'arme. III. Notions sur le tir du fusil d'infanterie. IV. Transport des troupes d'infanterie en chemin de fer. V. Notions d'hygiène. VI. Service des places. VII. Service en campagne. 1 volume in-18 cartonné. Paris, Tanera . . .   50 c.

Conseils pratiques aux jeunes officiers, pour la préparation du fantassin au service en campagne, par le capitaine Périzonius. Traduit de l'allemand par A. C., lieutenant au 55e de ligne. 1 vol. in-12. . . . .   1 fr.

Le Drapeau national, son historique, par L. Lèques, sous-intendant militaire. Brochure in-12. . . . . . .   75 c.

Notes sur l'organisation de l'armée pendant la Révolution, par M. Henri Choppin, lieutenant au 3e dragons. 1 vol. in-12. . . . .   1 fr. 25

Historique du service religieux dans les armées, suivi d'un projet d'organisation de l'aumônerie militaire, par L. Lèques, sous-intendant militaire. Brochure in-8o. 1 fr.

Esquisse d'un projet de loi sur l'avancement, par un officier du génie. Brochure in-8o. . . . .   2 fr.

Notes sur l'organisation du système défensif de Paris, par le général Tripier. Brochure in-8o. . . . .   1 fr.

De l'organisation défensive du territoire, par le général Cadart. Brochure in-8o. . . . .   1 fr.

Art de la guerre, déduit de l'étude technique des campagnes (campagne de 1805), par H. Bernard, chef de bataillon au 41e régiment d'infanterie. 1 vol. in-8o.   5 fr.